언어는 생물이다

1992.1.1

원고지

삼라만상이 비치는 종이거울.

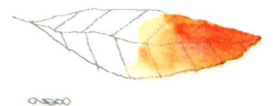

겨울

깊은 안식의 시간 속으로 눈이 내린다. 강물은 얼어붙고 태양은 식어 있다. 나무들이 앙상한 뼈를 드러낸 채 회색 하늘을 묵시하고 있다. 시린 바람이 비수처럼 날아 와 박히고 차디찬 겨울비가 독약처럼 배어들어도 나무는 당분간 잎을 피우지 않는다. 만물들이 마음을 비우고 동안거冬安居에 들어가 있다. 모든 아픔이 모여 비로소 꽃이 되고 열매가 됨을 아는 날까지 세월은 흐르지 않는다. 겨울도 끝나지 않는다.

방랑

아무런 행선지도 없이 떠도는 일이다. 떠돌면서 구름이 되고 바람이 되는 일이다. 외로운 목숨 하나 데리고 낯선 마을 낯선 들판을 홀로 헤매다 미움을 버리고 증오를 버리는 일이다. 오직 사랑과 그리움만을 간직하는 일이다.

망각

　세월의 무덤 깊이 과거에 대한 기억의 시체들을 완벽하게 암장시켜 버리고 마침내 일체의 번뇌와 무관해져 버리는 상태.

엽서

조그만 마음의 창틀.

바람

 휴지조각들이 을씨년스럽게 날아 오르는 겨울의 공터에서, 개나리가 오스스 꽃잎을 떨고 있는 봄날의 담벼락 밑에서, 바다가 허옇게 거품을 뿜으며 기절하는 여름의 해변에서, 낙엽들이 새 떼처럼 허공을 가로지르는 가을의 숲 속에서 장님도 바람의 모습을 볼 수가 있다. 귀머거리도 바람의 음성을 들을 수 있다. 바람은 살갗만을 적셔주는 대지의 입김이 아니라 온 가슴을 적셔주는 신의 입김이기 때문이다.

연鳶

　겨울이 오면 유년의 꿈결 속을 떠도는 바람의 혼백이다. 가지 마라. 가지 마라. 마른 쑥대풀은 소매 끝을 부여잡고 흐느끼는데 아이들은 언덕배기에 올라 연을 날린다. 공허한 세월 속으로 소멸의 강이 흐른다. 시어詩語들이 죽고 바람이 분다. 낭만이 죽고 바람이 분다. 사랑이 죽고 바람이 분다. 하늘이 흔들린다. 그리움이 흔들린다. 그리움은 소망의 연이 되어 하늘 끝으로 떠오른다. 하늘 끝으로 떠올라 인연의 줄을 끊고 영원한 설레임의 노래가 된다.

평화

전쟁발발의 합리적 근거.

과대광고

소비자는 왕이다 — 라는 식의 광고.

아침

　자명종이 수험생들의 고막 속에다 비명 같은 경보 신호를 발사하고 직장인들이 아내의 발길질에 걷어채이며 소스라치게 이불을 박차고 일어나면 하루의 전쟁이 시작된다. 인간들은 대개 현실에 소속되어 있고 시간의 위수령을 이탈할 수 없는 존재들이다. 그들은 행복이라는 이름의 고지를 탈환하기 위해 날마다 단독으로 적진에 뛰어든다. 인간들은 스스로를 병사이면서 병기라고 생각한다. 병사가 꼬질대에 기름칠을 해서 총구를 쑤시듯이 칫솔에 치약을 발라 이빨을 닦고 총열에 탄알을 장진하듯이 식도에 밥덩어리를 밀어 넣는다. 행복이라는 이름의 고지는 금력과 권력을 무기로 앞세운 자들에게는 가깝게 느껴지고 청렴과 결백을 무기로 앞세운 자들에게는 멀게 느껴지는 장소에 위치해 있다. 대개의 인간들이 아침마다 결의에 찬 표정으로 집을 나선다. 집을 나서면 대문 바깥이 모두 적진이다. 이 세상 생명체가 모두 적군이다. 그러나 행복이라는 이름의 고지가 바로 자기 마음 안에 존재하고 있다는 사실을 깨달은 자들은 단지 아침이 있다는 사실 하나만으로도 신에게 경배한다. 아침은 누구에게나 오는 것이지만 누구에게나 찬란하지는 않은 것이다.

주인공

작중 인물 중에서 가장 목숨이 끈질긴 존재.

허수아비

농업에 이용되어졌던 인류 최초의 로봇.

조간신문

 아침마다 담 너머로 던져지는 우리들의 생활기록부다. 하루가 시작되는 문설주에서 거울처럼 들여다보이는 우리들의 일상사다. 비바람에 펄럭거리는 세상도 보이고 눈사태에 휩쓸려가는 세월도 보인다. 자유의 새순이 돋기도 하고 독재의 사슬이 번뜩거리기도 한다. 그러나 조간신문이라고 해서 반드시 아침에만 배달되지는 않는다. 산간벽지에서는 석간구문夕刊舊聞으로 둔갑해서 이틀쯤 늦게 배달되는 경우도 비일비재하다. 그래도 정기구독자들은 아무런 거부감을 느끼지 않는다. 산간벽지에서는 세월도 이틀쯤은 쉬었다 가기 때문이다.

엑스트라

대본의 등장 인물란에 이름 대신 복수 접미사나 숫자로 표기되는 배역. 연기에는 태연하고 인기에는 초연한 존재. 등장과 퇴장이 거의 동시에 이루어지는 경우가 대부분이다.

시계

하루를 시간별로 스물네 토막씩 절단하는 기계.

삼라만상

라면 세 그릇으로 가득 채운 상.

인신매매

황금에 눈이 뒤집힌 파렴치한들이 몇 푼의 돈을 마련하기 위해 자신의 동족들을 악마에게 팔아 넘기는 행위. 또는 인간을 상품화하여 경제적인 이득을 도모하는 모든 행위. 비천한 인간들의 인간답게 살고 싶다는 저질적 표현.

과대망상증

진정한 자신의 모습을 볼 수 없는 사람들이 자신을 실제보다 지나치게 확대해서 인식하거나 특별한 존재로 부각시켜 인식하는 정신병리학적 증세. 인류는 창세기 때부터 이 병을 앓아 왔다. 사탄은 선악과를 따 먹으면 하나님과 똑같은 지혜를 가질 수 있다는 말로 아담과 이브에게 과대망상증을 전염시켰던 것이다. 오늘날 인간이 자신들을 만물의 영장이라고 자화자찬하는 것만으로도 아직까지 그 병이 치유되지 않았다는 심증을 굳히기에 충분하다.

그을음

 빛의 죽은 미립자에 의해 만들어지는 소멸의
그림자.

정신병자

제 정신만으로 살아가는 인격자.

나랑
두 글자만 쓰다가
다 닳은
색연필

걸레

인간들이 방이나 마루나 세간을 닦을 때 사용하는 헝겊으로 낡아서 못쓰게 된 천을 재료로 하여 만들어진 생활용품의 일종이다. 걸레는 다른 사물들에게 묻어 있는 더러움을 닦아 주기 위해서 자신의 살갗을 찢는다. 대개의 인간들이 걸레를 더러워 하지만 현자들은 걸레에게서 부처의 마음을 배운다. 육안肉眼으로 보면 세상에는 여러 가지 더러운 오물들이 산재해 있지만 심안心眼으로 보면 그 자체로서 더없이 아름다움을 스스로 알게 된다.

천재

수재를 능가하는 인재다. 뛰어난 창의력을 가지고 있다. 인간을 사랑하고 예술을 창조한다. 그러나 천재는 요절한다. 천재는 사회를 수용할 수 있으나 사회가 천재를 수용할 수 없기 때문이다. 따라서 모든 천재의 죽음은 자살보다 타살에 가깝다.

모래

주로 해변에 많이 산재해 있는 최소 단위의 금빛 혹성.

식인종

인구증가와 식량증가를 동일시하는 종족.

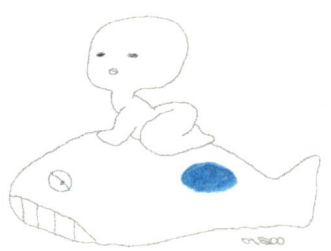

정오

　도시의 광장 시계탑이 그림자를 발 밑으로 불러들이고 시계가 모든 바늘들을 열두 시 정각에 합체시키면 바람이 숨을 죽인다. 고양이의 눈꺼풀이 가라앉는다. 정오다. 꽃들은 가장 눈부신 자태로 그 환희를 드러내고 숲들은 묵상에 잠겨 먼 강물 소리를 듣고 있다. 하루 한 번씩 태양이 해탈의 참모습을 보여 주는 시각이다. 그러나 인간들은 대부분 그 시각에 배를 채울 궁리나 하는 것이 고작이다.

시간

  탄생과 소멸의 강이다. 모든 생명체는 그 강에서 태어나고 그 강에서 죽는다. 그러나 흐르지는 않는다. 흐르는 것은 시간의 강이 아니라 그 강에 빠져 있는 물질들이다.

총알택시

승객과 기사를 장약하여 죽음을 향해 발사되어진 지상용 교통미사일.

그림자

 언제나 무심지경에 빠져 있는 실체들의 참모습이다. 생로병사生老病死, 희로애락喜怒哀樂에 걸려들지 않는다. 빛이 존재하는 한 영원히 실체를 떠나지 않는다. 모든 형태와 동작을 실체가 갖추고 있는 대로 드러내 보인다. 그러나 실체가 아무리 높은 신분을 가진 인격체라 하더라도 그림자는 그 계급장까지를 반영해 주지는 않는다.

명예박사

자신이 진짜박사가 아니라는 사실을 대학이나 학술단체로부터 공식적으로 인정받은 사람.

가난뱅이

빈곤을 재산으로 삼아 경제를 꾸려가는 생활인. 어리석음이 밑천인 가난뱅이와 무소유가 밑천인 가난뱅이로 대별된다. 전자는 가난을 불행으로 생각하여 물질에 대한 탐욕을 키우고 후자는 가난을 수행으로 생각하여 물질에 대한 탐욕을 버린다. 그럼으로써 결국 가난에서 모두 탈피하게 된다. 그러나 진실로 성공한 가난뱅이는 가난에서 탈피하는 순간 신이 자신에게 무엇을 깨닫게 하려 했던가를 명확히 알게 된 사람이다.

새

저 세상에서건 이 세상에서건 사람은 누구나 한 번쯤은 새가 된다. 사무치는 그리움 속에서 죽어간 사람들의 영혼이 제일 먼저 새가 된다. 새가 되어 윤회의 길목에 날개를 접고 앉아 그리운 이가 오기를 기다린다. 같은 그리움을 가진 영혼들끼리 같은 날개를 가진 새가 된다. 사람들은 엽총을 만들어 도처에서 새의 심장을 겨누지만 결국 살해당하는 것은 새가 아니라 자신의 영혼이다.

불만

불연소된 욕심의 찌꺼기다. 성냥개비 한 개만한 능력으로 대궐만한 집을 지으려 드는 사람들이 많이 가지고 있는 감정이다. 범사에 감사하라는 성경말씀의 진의를 못마땅하게 여기는 감정이다. 가열되면 증오로 변하거나 배반으로 변한다. 그러나 불만이 없으면 개선도 없다.

고성방가

 아무리 노력해도 자신은 결코 훌륭한 가수가 될 수 없다는 사실을 취중에 만인에게 발악적으로 증명해 보이는 행위. 외로움과 소외감의 또다른 표현. 비틀거리는 인생에 대한 절규. 소음을 통해 자신의 존재 불필요성을 타인에게 확실하게 알리는 행위.

가짜

　가짜에는 두 가지 종류가 있다. 진짜처럼 꾸며 놓은 가짜와 진짜처럼 행세하는 가짜다. 꾸며 놓은 가짜에게 속았을 경우보다 행세하는 가짜에게 속았을 경우가 한결 비애감을 짙게 만든다. 전자는 물건에 대한 절망을 가져다 주지만 후자는 인간에 대한 절망을 가져다 주기 때문이다.

고백

　양심의 거울에 묻어 있던 가책의 먼지를 닦아내고 참회로써 자신의 본모습을 들여다보는 일이다. 마음의 자물쇠를 푸는 일이다. 오직 진실만으로 이루어지며 그 자체가 선행이다. 하나의 예술은 하나의 고백이며 모든 고백에는 감동과 아름다움이 내재되어 있다.

수면제

 배고픔은 참을 수 있어도 외로움은 참을 수 없는 사람들이 고통스럽게 일용하는 밤의 양식. 불면의 세월 속에 무성하게 자라오르는 허무의 수풀을 잠재우고 허약해진 육신의 아픔을 일시적으로 사라지게 만드는 안식의 초대자. 꿈의 동반자. 소음 제거제.

일회용

한 번만 사용할 수 있는 용품이다. 자연적인 용품과 인위적인 용품이 있다. 탄생도 일회용이고 죽음도 일회용이다. 처녀도 일회용이고 동정도 일회용이다. 일회용 종이컵도 있고 일회용 라이터도 있다. 일회용 주사기도 있고 일회용 반창고도 있다. 전자는 자연적인 용품이고 후자는 인위적인 용품이다. 그러나 물질이 인간을 우선하는 사회에서는 모든 인간이 일회용이 되고 만다.

자살

 자신의 목숨이 자기 소유물임을 만천하에 행동으로 명확히 증명해 보이는 일. 피조물로서의 경거망동. 생명체로서의 절대비극. 그러나 가장 강렬한 삶에의 갈망.

출발점

 과거를 끊어낸 자리. 미래의 생장점生長點. 현재 바로 그 자리. 윤회의 매듭점. 다시 돌아오기 위해서 떠나는 자리. 시간과 공간의 소실점消失點. 인생의 모든 새벽.

길

　동물들은 생존을 위해 길을 만든다. 인간들은 멀리 있는 것에 대한 그리움으로 길을 만든다. 땅 위에도 만들고 땅 속에도 만든다. 하늘에도 만들고 바다에도 만든다. 그러나 인간들은 본디 자신들이 어느 길로 왔으며 어느 길로 가고 있는지를 대다수가 모르고 있는 실정이다. 한자어로는 그 길을 도道라고 표기하며 개개인의 마음 안에 존재하고 있는 것으로 설파되어 왔다.

병살타

 야구에서 공격자의 타구가 수비자의 손에 걸려 자기팀의 뛰는 놈과 나는 놈을 모두 척살시켜 버리는 불상사를 말한다. 권투에서는 선수와 심판을 한꺼번에 때려 눕히는 경우를 말하며 세상살이에서는 사랑과 우정을 한꺼번에 놓쳐 버리는 경우를 말한다. 그러나 겹치는 불행 뒤에는 언제나 겹치는 행운이 뒤따른다. 만약 불행을 통해 자기를 반성하고 노력을 배가시킬 수만 있다면 누구든 불행이 그만한 크기의 행운을 관리할 수 있는 역량을 갖추기 위해 필수적으로 거쳐야 하는 예비관문이었음을 알게 된다.

문

 드나들기 위해서 만들어 놓은 설치물이다. 대다수의 사람들이 마음 안에 감옥을 하나씩 가지고 있으며 감옥마다 견고한 문이 하나씩 매달려 있다. 그리고 그 속에 자신이 알고 있는 모든 법칙과 현상들이 갇힌다. 모든 이름과 추억들이 갇힌다. 그러나 아무 것도 드나들지 못한다. 자기 자신이 갇혀 있다는 사실조차도 모르고 있으며 안다고 하더라도 문을 여는 방법을 모르고 있기 때문이다. 마음 안에 있는 문은 오직 자기 자신을 버림으로써만 그 열쇠를 발견할 수가 있다. 그리고 그 열쇠를 발견하는 순간 하나의 사물들은 하나의 문이며 언제나 자신을 향해 열려 있었음을 알게 된다. 닫혀 있었던 것은 오직 자기 자신뿐이었음을 알게 된다.

달팽이

한여름의 고독한 여행자. 그러나 태어나서 죽을 때까지 집을 한 번도 떠나 본 적이 없는 여행자.

자물쇠

도난을 방지하기 위하여 문이며 서랍이며 장롱이며 금고 따위에 설치하는 방범장치의 일종. 주인들은 대개 인간을 불신하고 자물쇠를 신뢰하지만 노련한 도둑을 만나면 무용지물이다. 그 자물쇠마저도 훔쳐가버리기 때문이다. 인간들은 때로 마음의 문에까지 자물쇠를 채운다. 자물쇠를 채우고 스스로가 그 속에 갇힌다. 마음 안에 훔쳐갈 만한 보물이 빈약한 인간일수록 자물쇠가 견고하다. 그러나 그 누구의 마음을 걸어 잠근 자물쇠라고 하더라도 반드시 열 수 있는 방법이 있다. 그것은 바로 사랑의 불길로 그 자물쇠를 녹여 버리는 일이다.

총

새가 그 끝에 앉아 있을 때 가장 비웃음을 자아내게 만드는 무기.

소망

 자신이 잘 되기를 바라는 마음을 욕망이라고 하고 타인이 잘 되기를 바라는 마음을 소망이라고 한다. 욕망이 실현되기 위해서는 타인의 희생이 필요하고 소망이 실현되기 위해서는 자신의 희생이 필요하다. 욕망은 영웅을 따라다니지만 소망은 신神을 따라다닌다. 그러나 소망과 욕망은 같은 가지에 열려 있는 마음의 열매로서 환경의 지배와 개인의 노력 여하에 따라 그 형태가 얼마든지 달라질 수 있다.

호롱불

 초가삼간 토담벽에 펄럭이는 세월이다. 세월 속에 피어나는 한 송이 연꽃이다. 어머니 귀밑머리에 스며드는 놀빛이다. 천 년을 침묵으로만 다스려 온 설레임의 불꽃이다. 겨울 밤 심지가 타 들어가는 아픔으로 피워 올린 그리움이다. 홍건한 눈물이다.

동지冬至

 시간이 결빙된다. 세월이 정지한다. 숲이 해체된다. 들판은 백설에 덮여 밤에도 눈부시고 하늘은 빙판 같아서 달빛이 더욱 시린데 강물은 얼음 밑에서 속삭임을 죽인다. 일 년 중 밤이 가장 긴 날이다. 가슴에 아직도 그리움이 깊은 상처로 남아 있는 사람들에게는 불면의 고통도 가장 긴 날이다.

봄

동안거冬安居가 끝나면 봄이 온다. 봄은 겨울을 가장 쓰라리게 보낸 사람들에게는 가장 뒤늦게 찾아오는 해빙의 계절이다. 비로소 강물이 풀리고 세월이 흐른다. 절망의 뿌리들이 소생해서 소망의 가지들을 자라게 하고 소망의 가지들이 소생해서 희망의 꽃눈들을 틔우게 한다. 눈부신 슬픔을 알게 만들고 눈부신 사랑을 알게 만든다. 초라한 서민들의 늘어진 어깨 위에도 좁쌀가루 같은 햇빛이 쏟아져 내리고 죽은 행려병자의 남루한 누더기 위에도 생금가루 같은 햇빛이 쏟아져 내린다. 그러나 아무리 세상에 햇빛이 가득해도 마음 안에 햇빛이 가득하지 않으면 아직도 봄은 오지 않은 것이다. 아직도 겨울은 끝나지 않은 것이다.

굶주림

 인간을 가장 비굴하게 만든다. 인생을 가장 비참하게 만든다. 인격을 가장 비천하게 만든다. 자신을 동물 이상의 존재라고 생각하는 자들에게는 죽음보다 잔인한 형벌이다. 그러나 현자는 육신의 굶주림을 통해 정신의 배부름을 얻음으로써 인간과 동물의 다른 점을 보여 준다.

촛불

가섭迦葉이 들어 올린 한 송이 연꽃이다. 어둠 속에 벙그는 부처님의 미소다. 살이 녹고 뼈가 타서 적멸의 빛이 된다. 중생들은 대개 자신들이 촛불처럼 어둠을 밝히는 존재가 되기를 간절히 원하면서도 살을 녹이고 뼈를 태우는 일에는 인색하기 짝이 없으므로 아직도 세상에는 어둠이 완전히 걷히지 않고 있는 것이다. 스스로 부처가 될 수 없는 것이다.

크리스마스

서양으로부터 건너온 기독교인들의 가장 화려한 축제일이다. 예수의 탄생을 기념하고 신의 사랑을 더욱 널리 전파할 것을 마음 속에 깊이 다지는 날이다. 그러나 예수의 탄생을 기뻐하며 찬양하는 교인들은 많아도 예수의 탄생에 즈음하여 아무런 죄도 없이 죽어간 수많은 아기들의 영혼에 축복을 내리기를 기원하는 교인들은 매우 드물다.

우상

　인간이 만든 신神. 무지와 욕심이 결합해서 탄생시킨 미신의 길잡이 또는 어떤 계층에게 절대적 추종자로 지목되는 인격체. 신과 우상이 다른 점은 그 절대성에 있다. 우상은 그 절대성이 순간적이고 신은 그 절대성이 영속적이다.

군대

전쟁에 대비해서 조직된 무장단체. 자국의 인명과 재산을 보호하는 데 그치는 군대와 타국의 이념과 재산을 탈취하는 데까지 주력하는 군대로 대별된다. 전자는 약소국의 군대고 후자는 강대국의 군대다.

고문

 우리가 살고 있는 나라가 인간이 살고 있는 나라라면 제일 먼저 공연 정지 처분을 내려야 할 악마의 조작극이다. 자백을 강요하기 위해서 육체적 고통을 가하는 일로써 무고한 양민을 폐인으로 만들기 쉬운 인간 이하의 월권행위다. 비록 손상된 육신은 회복될 수 있다 하더라도 상처받은 영혼은 치유되지 않는다. 고문을 묵과하는 처사는 살인을 묵과하는 처사보다 몇 배나 더 비열하고 잔인하다.

기도

신이 매사를 완벽하게 선처해 놓았는데도 이에 불만을 품은 인간들이 처우개선을 구두로 상소하는 행위.

술

    마약이다. 절제하면 쾌락을 가져다 주지만 과용하면 불행을 초래한다. 마실 때는 찬양하게 만들고 끊을 때는 저주하게 만든다. 유사 이래로 물에 빠져 죽은 사람보다는 술에 빠져 죽은 사람이 많다는 설도 있다. 뼈저린 아픔을 가슴에 간직한 사람들에게는 일시적인 쾌락을 담보로 영구적인 불행을 대부해 주는 악마의 독액이다. 그러나 술은 때로 사랑을 불 붙게 만드는 묘약이 되기도 하며 메마른 정서를 적셔주는 감로수가 되기도 한다. 이태백과 같은 시선詩仙은 술 속에서 달빛과 시를 건져내기도 했으며 오마르 하이얌과 같은 주성酒聖은 술 속에서 루바이야트라는 언어의 보석을 건져내기도 했다.

음주운전

자동차가 운전수 대신 술에 취한 승객을 탑승시킨 채 교통사고를 일으킬 만한 장소를 물색하러 다니는 행위. 또는 교통수단을 이용한 취중 살인 예비음모.

불행

행복이라는 이름의 나무 밑에 드리워져 있는 그 나무만한 크기의 그늘이다. 인간이 불행한 이유는 그 그늘까지를 나무로 생각하지 않기 때문이다.

비상구

　이 세상의 모든 통로 또는 위급할 때의 모든 하나님.

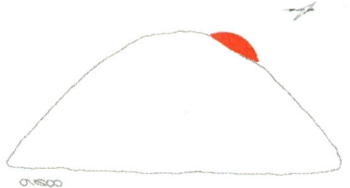

말단사원

하는 일은 가장 많으면서 받는 대우는 가장 적은 고용인이다. 찬바람이 불어 오면 제일 먼저 참혹한 겨울 예감에 사로잡힌다. 그러나 작은 따스함에도 쉽게 언 가슴이 녹고 작은 감동에도 쉽게 눈시울이 젖는다. 아직 기계가 되지 않았다는 증거다.

엄숙

　권위주의가 형식주의와 결합해서 만들어 낸 비만형의 부랑아. 타인에 대한 존엄성보다는 자신에 대한 존엄성에 집착하여 살아가는 사람들의 전용 상표. 자신을 사실 이상의 인격체로 보이도록 만들기 위해 착용하는 무형의 가면. 행사장이나 회의실 같은 장소에 의례적으로 동참되는 고위층의 들러리. 무언으로 강요하는 도덕의 중량.

학구파

학점구걸파의 준말.

개밥그릇

개의 먹이를 담을 수 있는 지상의 모든 용기.

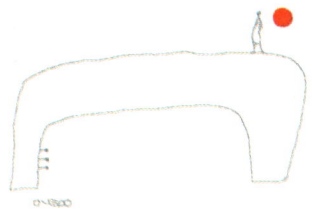

공처가

마누라에게 공포심을 느끼며 살아가는 남편들을 일컬어 공처가라고 한다. 공처가에서 한 단계 더 발전하면 경처가가 되는데 마누라의 옷자락만 스쳐도 경기를 일으키는 남편들을 말한다. 모두 마누라를 상전처럼 떠받들며 살아가는 습성들을 가지고 있다. 그러나 자신의 남편을 공처가나 경처가로 만드는 여자는 남편으로부터 사랑받기를 포기한 여자다. 사랑받기를 포기하고 존경받기를 갈망하는 여자다. 남편의 가슴 안에 안주하기보다는 남편의 머리 위에 군림하고 싶어하는 여자다. 비록 평지풍파는 일어나지 않는다고 하더라도 애처가보다 행복해질 수는 없을 것이다.

눈보라

 겨울이 깊어지면 바람의 함성을 타고 수 천만 마리의 백색 나비 떼가 어지럽게 난무하며 마을에 출몰한다. 눈보라다. 때로는 길이 막히고 통신이 두절된다. 시간도 깊어지고 그리움도 깊어진다.

주정뱅이

술이 인간을 마셔 버리고 동물만 남아 있는 상태에서 자신이 인간임을 주장하려고 발악적으로 애쓰는 사람.

고드름

겨울의 수염. 동장군의 이빨. 북풍의 발톱.

편지

 자신의 생각이나 마음을 문자로 바꾸어 타인에게 전달하는 방식의 통신수단이다. 오랜 역사를 가지고 있다. 문자의 발생연대와 편지의 발생연대는 동일하다. 포괄적인 개념으로 정리하면 지상에 존재하는 모든 기록이 편지나 다름없다. 오늘날은 고독의 터널 속에 갇힌 사람들의 생존 여부를 알리는 통지서로 널리 애용된다. 때로는 한 줄의 편지가 인생을 바꾸게 만들고 때로는 한 줄의 편지가 영혼을 구원케 만든다. 봄날의 햇빛 속에 흩날리는 꽃잎도 겨울의 바람 속에 흩날리는 눈보라도 소식의 천사 가브리엘이 배달하는 하나님의 편지다. 그 속에 온 우주가 아름답다는 하나님의 말씀이 적혀 있다.

벽

일반적으로 어떤 지역이나 지점을 수직의 면으로 가로막아 공간을 한정시키는 설치물을 벽이라고 지칭한다. 그러나 상징적으로는 뛰어넘을 수 없는 한계점을 벽이라고 표현하기도 한다. 어떤 인간들은 마음 안에도 벽을 만든다. 벽을 만들어 스스로를 가둔다. 어떤 군주들은 악법으로써 나라의 벽을 만든다. 벽을 만들어 온 백성을 가둔다. 벽은 가두기 위해서 만들어진 것이 아니라 보호하기 위해서 만들어진 것이라는 사실을 간과하고 있기 때문이다. 마음 안에 벽이 없는 인간은 마음 밖에도 벽을 만들지 않는다. 바로 자유인이다.

절망

혼수상태에 빠져 버린 희망.

독도

출렁거리는 파도 속에 허리를 내맡긴 채 무념무상無念無想에 잠겨 있는 동해고불東海古佛.

고스톱

　금세기에 이르러 방방곡곡 가가호호마다 유행하기 시작한 개인 금융 사업의 일종이다. 화투를 무기로 소규모의 생존경쟁에 뛰어들어 적들의 호주머니를 약탈함으로써 자신의 정신건강을 양호케 하고 경제생활을 윤택케 만든다. 화투에는 여러 가지 꽃들이 그려져 있으며 그 향기에 도취되면 패가망신을 해도 화투를 버리지 못하는 지경에까지 이르고 만다. 양쪽 팔이 부러지면 발가락으로라도 화투를 쳐야만 자신의 존재를 확인할 수 있는 상태에까지 이르고 만다. 항간에는 마음을 비우면 끗발이 좋아진다는 설이 유행처럼 나돌고 있으나 학계에서는 정설로 인정하지 않고 있다. 진정으로 마음을 비운 자라면 호주머니까지 비어 있어야 하기 때문이다.

거지

부자들에게 자선을 베풀 수 있는 기회를 만들어 주는 하나님의 심부름꾼. 하늘을 지붕으로 삼고 땅을 베개삼아 무소유의 철학을 몸소 실천해 보여 주는 청빈도인. 신분증이 없는 세금 징수원. 전 국민을 납세 대상자로 삼고 있으며 납세 방법은 최대한 자율화되어 있다. 진실로 하나님을 믿는 사람들은 거지에게서 또 다른 예수의 모습을 본다.

대학입시

  대학생을 선발한다는 명목으로 재수생을 배출해
내는 시험제도.

빙하시대

지구의 전 생명체가 신으로부터 냉동시설의 혜택을 가장 공평하게 받았던 시대.

허영

 열등의식과 욕구불만을 원료로 배합하고 허욕이라는 향료와 허세라는 색소를 첨가해서 만들어 낸 마약의 일종이다. 중독되면 정신이 황폐해지고 영혼이 척박해진다. 자신을 실제보다 과장되게 나타내 보이기 위해서 필요 이상 겉치레에 신경을 쓰는 특질을 나타내 보인다. 선천적으로 남자보다는 여자가 중독될 위험이 더 높다. 중독되면 치료가 매우 어렵다. 허영의 둥지에서는 동경의 알이 부화되고 동경의 알 속에는 향락의 새가 태어난다. 그 새는 사치의 날개를 활짝 펼쳐 중독자를 패가망신의 지름길로 안내한다. 허영에 중독된 환자를 전문으로 치료하는 의료기관은 아직 지구상에 설치되지 않았다. 백약이 무효하고 마음을 비울 수만 있다면 완치가 가능하다는 사실만 상식화되어 있다.

진눈깨비

저물어 가는 겨울 풍경 속으로 쏟아지는 비창이다. 세월의 통곡이다. 목메이는 그리움이다. 쓰라린 아픔이다. 부질없는 사랑이다. 회한의 눈물이다. 시린 뼈의 신음이다.

공명선거

후진국에서 선거 때만 되면 슬로건으로 내거는 낙동강 오리알.

동문서답

동쪽으로 가면 문래동이냐고 물으니까 서쪽으로 가면 답십리라고 대답하는 식의 문답.

돌연변이

생물학이 만들어 낸 용어이다. 어떤 생물이 어버이의 형질과는 전혀 다르게 변이되어 유전하는 현상이다. 그러나 현실적으로는 그 개체의 형질이 완벽하게 변이되었다고 하더라도 본질적으로 아무 것도 달라지는 것이 없다. 모든 자연은 우주의 돌연변이이며 모든 생명은 신의 돌연변이다.

영웅심

광기, 객기, 치기를 배후세력으로 삼고 있는 마음의 부랑아. 자신을 실제보다 확대시켜 타인에게 드러내 보이고 싶어하는 충동의 불덩어리. 마음밭에 겸손의 싹이 시들고 자만의 수풀이 무성하게 자라 오르는 상태. 영웅심은 때로 분에 넘치는 욕망에 사로잡혀 이성을 상실케 하고 일생을 한순간에 무너져 버리게 만드는 도화선이 되기도 한다. 영웅심은 때로 굴뚝새가 독수리의 흉내를 내게 만들기도 하고 새우가 고래의 흉내를 내게 만들기도 한다. 영웅심은 때로 불도저 앞에서 삽질을 하게도 만들고 고릴라 앞에서 들창코를 내밀게도 만든다. 모두가 군자들의 낙樂과는 거리가 멀다.

물비늘

 해질 무렵 바다 위로 쏟아지는 태양의 황금빛 파편들이다. 달밤에 소리 죽여 흐느끼는 강물 위로 회유하는 은어 떼다. 침묵의 호수 위로 떠다니는 바람의 희디흰 잔뼈들이다.

꽃

   초목이 아름다운 열매를 맺기 위해 신神에게 드러내 보이는 마음의 참모습이다. 눈부신 찬양이다. 향기로운 노래다. 피울음 끝에 벙그는 해탈의 등불이다.

섬

모든 이름들은 하나의 섬이다. 모든 영혼들도 하나의 섬이다. 모든 혹성들은 하나의 섬이다. 모든 성단들도 하나의 섬이다. 섬에서 섬으로 그리움의 바다가 흐른다. 가슴 안에 간절한 사랑을 간직하고 있는 자들만이 섬과 섬 사이를 오갈 수 있다.

날개

 산을 넘고 싶은 소망이 날개를 가지게 만든다. 바다를 건너고 싶은 소망이 날개를 가지게 만든다. 인간은 육신의 날개는 없지만 영혼의 날개는 가지고 있다. 그러나 어떤 인간들은 한평생 자신에게 그런 날개가 있다는 사실조차 모르고 산다. 욕망에 눈이 가리워져 소망을 상실하기 때문이다.

우박

구름의 진신사리眞身舍利.

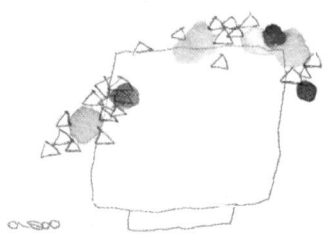

사막

바람의 무덤.

먼지

모든 우주의 출발점. 모든 우주의 귀착점. 모든 우주의 중심부. 철학의 저울대에 올려 놓으면 성단 하나로 추를 삼아도 무게를 가늠할 수 없을 정도로 비중이 크지만 그 형체는 매우 작다. 화창한 날씨에 육안으로 보면 햇빛에 미세하게 반짝거리며 공기보다 가벼운 느낌으로 허공을 떠다니는 광경을 포착할 수 있다. 우주 어디에나 산재해 있으며 똑같은 모양은 단 한 가지도 없다. 먼지는 산이 되기를 서두르지 않는다. 먼지는 바람을 역류하지 않는다. 오직 여여할 뿐 한 생각도 일어나지 않으니 바로 그 속에 부처가 있다.

다리

  미지로 가는 건널목이다. 떠나기 위해서 만들어 놓은 건널목이 아니라 돌아오기 위해서 만들어 놓은 건널목이다. 밑에는 언제나 강이 흐르고 위에는 언제나 허공이다. 다리는 사람과 사람을 연결하는 길의 관절이다. 땅 끝까지 이어진 해후의 사다리다.

아파트

인간 보관용 콘크리트 캐비닛.

달동네

주거지의 위치는 높으나 사회적인 신분이 낮은 사람들의 안식처. 생활은 어두우나 마음은 밝은 사람들의 도읍지. 달빛이 가장 먼저 비치는 성지. 참다운 인생의 진리를 터득하며 살아가는 사람들의 보금자리. 대개의 입지전적인 인물들이 일생에 한 번쯤은 이런 동네에서 어둠의 세월을 보냈던 기억을 가지고 있다.

외제

　동족에 대한 의리보다는 자신의 허영심을 충족시키는 일에 더 비중을 두는 사람들이 선호하는 경향이 있다. 외국에서 들여온 제품을 말하며 사용하지 않는다고 하더라도 생명의 위협을 느끼거나 생활의 붕괴를 초래하지는 않는다. 미개인이라고 손가락질을 받지도 않으며 가난뱅이라고 따돌림을 받지도 않는다. 그런데도 병적으로 외제를 선호하는 사람들은 대개 외제로부터 영혼의 안식을 느껴야 할 정도로 의식이 황폐한 사람들이다. 그러나 외제를 선호하게 만드는 가장 큰 요인은 외제의 우수성이나 소비자의 허영심에 있는 것이 아니라 국산품의 불량성이나 생산자의 비양심에 있다.

자만심

 이 세상 만물들이 모두 자신의 스승임을 자각하지 못한 사람들이 필수적으로 소유하고 있는 가장 심오한 착각.

법

 인간이 만들어 낸 법과 신이 만들어 낸 법이 있다. 인간이 만들어 낸 법은 만물을 구속하고 신이 만들어 낸 법은 만물을 자유롭게 한다. 법은 죄인을 잡아들이는 심판의 올가미가 아니라 양민을 보호하는 자비의 울타리다.

무지

자신의 허상에 가리워져 자신의 진체가 보이지 않는 상태를 무지라고 말한다. 무지를 밑천으로 살아가는 사람들은 대개 자신보다는 타인을 더 불편하게 만든다. 속물근성을 생활철학으로 삼고 살아가는 경우가 대부분이다. 가난보다는 몇 배나 더 무서운 인간의 적이다.

계급

 모든 조직 속에는 계급이 있고 모든 계급 속에는 상하가 있다. 조직이 인간을 조종하기 편리하도록 착안된 견식표다. 세월이 아무리 흘러도 역사가 아무리 깊어도 모든 국민들에게서 그 견식표를 완벽하게 회수할 수 있는 나라는 전무하다. 인간은 인간의 존엄성을 지키기 위해 계급을 만들고 스스로 노예로 전락해서 그 존엄성을 상실한다. 모든 조직은 계급이 인간에 우선하기를 바라는 속성을 가지고 있기 때문이다.

표절

 타인의 창조물을 부분적으로 절취하여 자신의 창조물인양 위장함으로써 자신의 창의성이 결핍되고 양심조차 결여된 인간으로 인정받도록 노력하는 행위.

기저귀

인간으로서의 체통과 동물로서의 생리적 현상 사이에서 탄생되어진 유아용 휴대식 개인 전용 화장실.

체면

자신을 인격적인 존재라고 확신하고 있는 사람들이 내면에는 동물적인 욕망의 찌꺼기를 간직하고 있으면서 외면에는 이성적인 겸손의 미덕을 드러내 보이려고 할 때 습관적으로 착용하는 가면.

보석

　허영을 장식하는 고가高價의 돌멩이다. 보석의 세 가지 특질은 희귀하다는 점과 아름답다는 점과 강하다는 점이다. 그러나 마음의 눈으로 들여다보면 이 세상 만물 중에서 그 세 가지 특질을 가지고 있지 않은 존재는 아무 것도 없다.

현모양처

오직 여자로 태어나야만 성취될 수 있는 지상에서 가장 아름다운 도덕적 경지다. 현대에 이르러 거의 멸절 위기에 놓여 있다.

화장

여자들이 자신의 모습을 실물보다 아름답게 만들겠다는 망상에 사로잡혀 화공약품 따위로 얼굴을 도색해서 변조시키는 기술이다. 대개의 여자들이 성년이 되면 하나님이 만들어 주신 자신의 얼굴에 대해 얼마간의 불만을 품게 된다. 화장은 그 불만에 대한 보완이다. 그러나 아무리 비싼 화장품으로 얼굴을 도색해도 자신의 원래 모습은 사라지지 않는다. 여자의 진정한 아름다움을 좌우하는 것은 화장품이 아니라 여자로서의 마음가짐이다. 여자는 외모를 가꾸는 일에 시간을 많이 낭비할수록 천박한 아름다움으로 전락해 가고 내면을 가꾸는 일에 시간을 많이 투자할수록 우아한 아름다움으로 성숙해 간다.

세대차이

세대와 세대간의 문화에 대한 견해 차이다. 관심과 대화에 의해 좁혀지고 아집과 편견에 의해 멀어진다. 좁혀지면 사랑이 싹트고 멀어지면 미움이 싹튼다. 연령이 좌우하는 것이 아니라 마음이 좌우하는 것이다.

유행

시간의 흐름을 타고 일시적으로 어떤 풍조가 두드러지게 드러나 보이는 현상을 일컫는 말로 자신을 진보적 대열에 포함시키고 싶어하는 심리적 욕구와 자신의 존재를 타인에게 보다 두드러지게 드러내 보이고 싶어하는 심리적 욕구에 의해 발생한다. 유행을 전염병에 비유하면 내적인 아름다움을 추구하는 사람일수록 저항력이 강하고 외적인 아름다움을 추구하는 사람일수록 저항력이 약하다. 유행을 가장 빠르게 확산시키는 매개체는 각종 매스컴이며 허영심이 많은 사람일수록 감염률이 높다. 때로는 외국으로부터 귀화되어 기존의 미풍양속을 파괴하고 사회질서를 문란

케 하기도 한다. 저항력이 약한 사람이 감염되면 자기 도취에 빠져 판단력을 상실하고 수치심을 영웅심으로 환치시켜 겨레와 민족까지도 경멸하는 중태에 빠지게 된다. 다른 동식물에게는 감염되지 않고 인간에게만 감염된다. 특별한 처방은 없고 새로운 유행이 나타나면 저절로 소멸한다.

아내

　남편들이 이십대에는 아내, 삼십대에는 마누라. 사십대에는 여편네, 오십대에는 할망구라고 부르는 가정의 수호천사.

여드름

사춘기를 맞이해 이성을 그리워하기 시작하면 큐피트의 화살이 안면에 집중적으로 날아와 꽂히고 그 흔적들이 선명하게 드러나기 시작한다. 어떤 방패로도 그 화살을 막을 수는 없으며 어떤 영약으로도 그 흔적을 지울 수는 없다. 다만 세월의 강물에다 자신을 맡겨 버리는 것만이 최선의 방책일 뿐이다.

자유

 인간은 태어나면서부터 구속된다. 생로병사에 구속되고 희로애락에 구속된다. 제도에 구속되고 형식에 구속된다. 개인에 구속되고 사회에 구속된다. 인간은 우주적 동물이다. 완전한 자유란 인간을 우주에게로 되돌려 주는 일이며 자연과 조화되어 살아갈 수 있도록 만들어 주는 일이다. 그러나 인간에게 이데올로기라는 괴물이 존재하는 한 완전한 자유는 오지 않는다. 제도라는 울타리가 존재하는 한 완전한 자유는 오지 않는다.

바보

 지능지수가 모자라고 사리를 제대로 분별하지 못하는 사람을 바보라고 지칭한다. 자신이 모른다는 사실조차도 모르면서 살고 있는 사람들이다. 그러나 정상인들은 대개 바보가 얼마나 행복한 상태로 살아가고 있는지를 모른다. 바보는 정상인들이 가지고 있는 여러 종류의 속박에서 탈피해 있다. 제도의 감옥 속에 갇혀 있지도 않고 무거운 지식의 사슬에 의식이 결박당해 있지도 않다. 그들은 번뇌를 모른다. 그들은 종교도 모른다. 곱하기도 모르고 나누기도 모른다. 만약 정상인들이 그들을 자기들과 똑같은 형태로 살아가게 만들려고 노력하지만 않는다면 그들은 오직 모름으로써 행복한 사람들일 뿐이다.

행복

 모든 인간들의 최대 희망사항이다. 소크라테스에 의하면 인간은 사랑을 주고받을 때 가장 행복하다고 한다. 그리고 사랑을 유발시키는 것은 아름다움이라고 한다. 아름다움에는 내적인 아름다움과 외적인 아름다움이 있으며 작은 아름다움과 큰 아름다움이 있다. 스스로가 신의 크기와 같은 아름다움을 가지고 신의 크기와 같은 사랑을 관조하는 것이 인간의 궁극적인 목표다. 그러나 수많은 인간들이 욕망에 눈이 멀어 진실한 아름다움을 보지 못한다. 진실한 아름다움을 보지 못하므로 진실한 사랑도 할 수가 없으며 진실한 사랑을 할 수 없으므로 진실한 행복도 느낄 수가 없다.

사랑

　반드시 마음 안에서만 자란다. 마음 안에서만 발아하고 마음 안에서만 꽃을 피운다. 사랑은 언제나 달디단 열매로만 결실되지는 않는다. 사랑에 거추장스러운 욕망의 덩굴식물들이 기생해서 성장을 방해하기 때문이다. 사랑은 나를 비우고 너를 채우려 할 때 샘물처럼 고여든다. 그 샘물이 마음 안에 푸르른 숲을 만든다. 푸르른 낙원을 만든다. 온 천지를 둘러보아도 사랑의 반대말이 없으며 온 우주를 살펴보아도 아름다움의 반대말이 없는 낙원을 만든다. 사랑은 바로 행복 그 자체다.

접시닦이

호주머니 사정이 좋지 않은 사람이 유흥업소나 접객업소 등을 이용하고 그에 상응하는 대가를 지불할 수 없을 때 현장에서 취득할 수 있는 직업의 일종. 접시를 닦기 전에 마음부터 먼저 닦으라는 교훈이 내포되어 있지만 대체로 선량하고 양심적인 사람들이 선택하는 직업이며 정상적인 신체기능을 가졌다면 특별한 연수교육을 거치지 않고도 단시간 내에 기술을 익힐 수 있는 장점을 가지고 있다. 대개 임시직이지만 엄처시하에 있는 공처가들에게는 거의 영구직이나 다름없다.

인간

 기독교적인 입장에서 보면 아담과 이브를 필두로 한 자손 모두를 지칭한다. 하나님이 창조하신 피조물 중에서 가장 나이가 어린 생명체이며 가장 욕심이 많은 철부지들이다. 하나님이 따 먹지 말라고 당부하신 선악과라는 이름의 과일이 에덴동산이라는 낙원에 있었는데 어느 날 그만 뱀의 감언이설에 빠져 그 과일 한 개를 따 먹어 버리는 어리석음을 저지름으로써 아담과 이브는 낙원에서 추방당했다고 한다. 이후 그 후예들은 몇 천 년 동안을 운명의 사슬에 묶여 자자손손 죄수로 살아가고 있다. 한때 하나님의 아들임을 자처하는 한 메시아가 나타나 전 생애를 다 바쳐 사면운동을 벌였으나 아직도 대부분의 인간들이 사면되지 않은 상태로 복역중이다. 사랑하라. 단지 그 한마디만을 실천하면 사면이 되는데도.

인간

 지구에 기생하는 생명체 중에서 가장 이기주의적으로 지능이 발달한 영장류. 지구에 기생하는 생명체 중에서 가장 많은 전쟁무기를 가지고 있다. 여러 번의 핵실험을 통해 대기권 안의 전 생명체들을 멸종의 지름길로 인도하고 각종 폐기물을 통해 대기권 전역의 생태 변화를 촉진시키고 있다. 그들은 자신들을 만물의 영장이라고 자화자찬하고 있으나 지구에 기생하는 어떤 생명체도 숙주인 지구를 파괴하는 법은 없으며 오직 인간들만이 자연의 섭리에 순응하지 못하고 있다는 사실을 깨닫지 못하고 있는 실정이다. 그들은 자연에게서 많은 것들을 착취해 왔으나 자연에게 많은 것들을 베풀어 주지는 못하고 있다. 그들은 가장 조화된 것이 가장 진화된 것이라는 사실을 아직 모르고 있는 상태이며 안다고는 하더라도 실천할 수 있는 능력을 갖추지 못하고 있는 상태이다. 그들은 자신들이 어디서 왔는지도 아직 모르고 있다. 그들은 자신들이 어디로 가고 있는지도 아직 모르고 있다. 자신들의 껍질에 가리워져 스스로의 참모습이 보이지 않기 때문이다.

인간

지구의 입장에서 볼 때 인간은 피부에 기생하는 암세포에 상응하는 미생물이다. 그것들은 지구의 피부 전역에 착생하여 닥치는 대로 부스럼을 만들고 종양을 일으키며 살을 썩게 만든다. 뿐만 아니라 다른 생명체들을 닥치는 대로 살상하고 심지어는 지역별로 세력권을 형성하여 같은 종끼리도 잔혹하게 목숨을 짓밟는다. 인간들의 체내에도 여러 가지 형태의 미생물들이 기생한다. 그 중에서 가장 진화된 미생물은 인간들이 백혈구라고 명명한 혈액세포의 일종이다. 그것은 핵을 가진 하나의 독립 세포다. 그것은 숙주와 거의 완벽한 조화를 이루고 있어서 그것이 감소하면 숙주도 생명의 위험이 따르게 된다. 그러나 지구는 인간이 감소한다고 해도 결코 생명의 위험은 따르지 않는다. 오히려 각종 피부질환만 치유될 뿐이다. 지구가 바뀌기를 바라지 말고 인간 스스로를 바꾸면서 살아갈 일이다.

자연보호

　전 인류가 집단자살로써 자연에 귀의할 때야 비로소 성취되어질 수 있는 과업.

창조

　새로운 것을 만들어 내는 일 또는 만들어 놓은 것을 파괴시키는 일. 소망으로써 창조되어진 피조물은 신에 가깝고 욕망으로써 창조되어진 피조물은 악마에 가깝다. 소망은 만인에게 이롭고 욕망은 개인에게만 이롭다. 성경에 의하면 태초에 신이 인간과 우주만물을 창조했다고 한다. 그러나 태초에 신은 단 두 명의 인간을 창조해 낸 데 불과했으나 오늘날 인간은 수천 종의 신을 창조해 내고 있다.

악마

　인간의 영혼을 부패시키고 신의 절대성을 부정하는 영적 존재의 총칭. 생각의 신생아실에서 탄생하여 마음의 영안실에서 소멸한다. 낙원에는 존재했다는 기록이 있지만 천국에는 존재했다는 기록이 없다. 증오의 크기와 악마의 크기는 정비례하고 사랑의 크기와 악마의 크기는 반비례한다.

질서

 자연적인 질서와 인위적인 질서로 대별된다. 자연적인 질서는 만물이 우주의 순환원리대로 생성과 소멸의 과정을 수행하는 상태를 말하며 창조주의 주관하에 완벽한 아름다움을 영구적으로 유지해 나갈 수 있도록 정립되어 있다. 그러나 인위적인 질서는 자연으로부터 이탈한 인간들이 보다 부자연스러운 삶을 영위하기 위하여 도덕과 양심을 담보로 조리와 순서를 지켜 스스로를 속박하는 상태를 말한다.

훈시

어떤 의미에서건 자신을 거룩한 존재라고 생각하는 사람들은 대체로 타인들의 위상을 자신보다 하급 서열로 설정하여 말로써 어떤 가르침을 하달하려는 습성이 있는데 그 가르침을 일컬어 훈시라고 한다. 대부분이 상투적인 어휘와 구태의연한 문장들로 조제된 무해무득의 첩약들이며 때로는 두통을 유발시키거나 오한을 유발시키는 부작용을 초래하기도 한다. 길어지면 고문에 가까워진다. 그러나 탁월한 언어의 조제술을 가진 명의는 훈시로써 집단과 개인의 고질병을 치유하고 역사와 운명을 획기적으로 바꾸어 놓는 계기를 만들어 주기도 한다.

각설이

끼니 때마다 가가호호를 방문하여 타령으로 깨달음覺을 설說하고 한 덩어리의 식은 밥으로 개런티를 대신하는 무명 연예인들이다. 배부른 사람들에게 자선을 베풀 수 있는 기회를 마련해 주는 배역을 맡고 있다. 일정한 주거지를 소유하고 있지 않으며 철새들처럼 유랑한다. 급속도로 경제가 성장하면서 급속도로 그 수가 줄어 들어서 거의 멸종상태다. 그들의 허기진 배를 충족시켜 줄 수 있는 먹이는 지천에 깔렸어도 그들의 허기진 영혼을 달래줄 수 있는 사랑은 가문 여름 논바닥처럼 메말라버린 세상이 도래했기 때문이다.

존경심

자신을 낮추고 상대편을 높이어 공경하는 마음이다. 자만심이 가득 차 있는 사람에게는 피어나지 않는 연꽃이다. 겸양이라는 이름의 연못을 마음 안에 간직하고 있는 사람에게만 피어나는 연꽃이다. 강요에 의해서 드러나는 존경심이나 두려움에 의해서 드러나는 존경심은 모두 모조품이다. 인품이 낮은 사람일수록 그러한 모조품을 선호하는 경향이 있다. 진정한 존경심은 높이 세워져 있는 스탈린의 동상을 바라볼 때 생겨나는 것이 아니라 그 동상의 머리 위에다 똥을 싸갈기는 비둘기를 바라볼 때 생겨나는 것이다.

배금주의자

 세상에는 염라대왕까지도 황금으로 매수할 수 있다고 생각하는 사람들이 있다. 배금주의자들이다. 그들은 황금을 보기를 신같이 하고 인간을 보기를 돌같이 한다. 황금은 그들의 우상이요 종교며 경전이다. 그들은 오로지 재산을 모으는 일에만 전심전력을 기울일 뿐 베푸는 일에는 대체로 무관심한 편이다. 그러나 그들도 염라국으로 떠날 때는 땡전 한 푼 없는 빈털터리가 된다. 이 세상 황금을 모두 손아귀에 쥐고 있어도 염라대왕의 부름을 거역할 수는 없기 때문이다. 배금주의자들이란 결국 자신의 전 인생을 변변히 써보지도 못할 돈과 맞바꾸어 버리는 청맹과니에 불과한 족속들이다.

도둑질

 가진 자들이 못 가진 자들에게 부를 나누어 주기 이전에 못 가진 자들이 가진 자들의 수고를 자발적으로 거들어 주는 자선 범죄 행위.

열등의식

 자신이 남에게 자랑할 만한 건덕지를 조금도 갖추지 못했다는 사실 때문에 생겨나는 우울의 늪지대. 신神의 공평성에서 제외된 생활형태를 가진 사람들이 자신을 비하해서 생겨나는 의식의 지하감옥. 그러나 모든 진보는 열등의식을 그 원동력으로 삼고 있다. 새에 대한 인간의 열등의식이 비행기라는 괴물을 만들었다는 사실이 그것을 입증한다.

이민

 자신을 다른 나라에 내다버리는 행위를 점잖게 이르는 말.

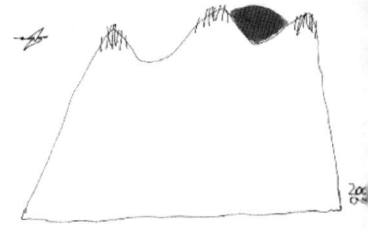

완장

자신의 임무를 타인들에게 식별시키기 위해 팔에 착용하는 표장에 지나지 않는다. 그러나 소인배들은 완장을 착용하게 되면 갑자기 자신을 영웅시하여 권력을 남용하고 타인을 멸시하려는 습성을 가지게 된다. 서민층일수록 완장에 약하고 특권층일수록 완장에 강하다.

광신자

오직 지상에서 자신만이 신의 유일한 사도라는 착각 속에 빠져서 모든 인간들을 악마로 규정하고 그 영혼을 구원하기 위해서는 어떤 일이라도 불사하겠다는 결의를 굳힌 사람. 그들은 대개 제일 먼저 자신의 가족을 팽개침으로써 자신이 가지고 있는 신앙의 모순점을 드러낸다. 그들은 오직 자신이 믿고 있는 신만이 전지전능하며 남들이 믿고 있는 신들은 무지무능하다고만 단정하는 특질을 가지고 있다. 그들은 타인의 종교적 성숙도를 감지할 수 있는 능력을 상실한 종교인이다. 그들은 천국에 대해서보다는 지옥에 대해서 더 많이 알고 있고 구원에 대해서보다는 멸망에 대해서 더 많이 알고 있다. 그들은 용서에 대해서보다는 심판에 대해서 더 많이 이야기하고 성자들의 행적보다는 죄인들의 행적을 더 많이 알고 있다. 불행하게도 그들은 자기 자신조차도 구원할 수 없는 상태에 놓여 있으며 그들의 배후에는 대체로 욕망에 가득 찬 악마가 신의 얼굴을 하고 자비로운 미소를 지으며 이기주의적인 신앙심에 부채질을 가하고 있는 것이다.

여름

　일 년 중에서 태양이 가장 심하게 발작을 일으키는 계절이다. 구름이 부글부글 끓어 오르고 바다가 빈혈을 일으키며 쓰러진다. 매미들이 발악적으로 울어댄다. 길바닥이 타고 있다. 태양이 쏘아대는 빛의 화살들이 모든 사물들을 살해한다. 수목들이 지친 모습으로 어깨를 축 늘어뜨리고 있다. 빨갛게 토마토가 익고 있다. 개들이 혀를 빼문 채 낮잠에 빠져 있다. 사람들은 산으로 바다로 피서를 떠난다. 도시가 비어 있다. 때로는 사나흘씩 비도 내린다. 밤이면 신음 같은 천둥소리가 잠을 설치게 만들고 새도록 은백양나무 숲이 흐느끼는 소리도 들린다. 문득 지난 여름의 잔해처럼 떠오르는 사랑의 편린. 보내지 못한 편지마다 곰팡이가 부식하고 있다.

잡초

인간들에게 비위를 맞출 줄 모르는 풀들을 통틀어 잡초라고 일컫는다. 꽃이나 열매는 볼품이 없지만 생명력만은 어떤 식물보다도 끈질기다. 인간들은 끊임없이 잡초를 뽑아내지만 인간들보다 먼저 땅을 차지한 것도 잡초였고 인간들보다 먼저 숲을 키운 것도 잡초였다.

거미

　노스님 하나가 허공에다 투명한 그물을 걸어 놓고 하루종일 무념무상에 잠겨 있다. 해거름이 되어도 그물에는 하루살이 한 마리 걸리지 않고 새들만 흥건한 노을 속으로 떠내려가고 있다. 한 마리 거미만 허공에다 일 점을 찍고 온 우주를 삼키고 있다.

달맞이꽃

밤에만 핀다. 어둠 속에 흩어져 있는 달의 비늘이다. 그리움의 편린이다. 눈 뜨는 사랑이다. 수절 같은 슬픔이다.

성냥개비

 본디는 한 그루 나무였다. 지금은 전신이 억만 갈래로 쪼개져 전생의 업보를 다 털었다. 마지막 희디흰 뼈 하나를 모두 태우고 적멸로 돌아갈 때까지 충혈된 눈빛으로 암송하는 나무관세음보살.

나비

지상에서 가장 아름다운 날개를 가진 곤충이다. 꽃향기에 취해서 항상 비틀거리며 날아다닌다. 산간 지방에 서식하는 일군의 나비들은 인간들이 만들어 놓은 길을 따라 허공에다 전용도로를 만들어 놓는데 이를 접도蝶道라고 한다. 세월의 강물에 떨어진 꽃잎들은 윤회의 바다에 다다라 나비가 된다. 나비가 되어 꽃에게로 날아가 꿈을 꾼다. 나비와 꽃이 둘이 아니며 생시와 꿈이 따로가 아니다.

파리

 인간들에게 가장 싸구려 목숨을 가진 생명체로 취급되고 있는 곤충. 신으로부터 장티푸스, 콜레라, 아메바, 이질 등의 전염성 병원체를 인간들에게 공급하는 임무를 부여받은 곤충. 여름에 많이 발생한다. 주무대는 주택가의 쓰레기 처리장. 해변의 어물 건조장. 양돈양계장. 재래식 변소. 두엄더미. 동물의 시체 등이 있는 장소다. 잡식성이며 태고 이래로 인간과 화기애애한 분위기 속에서 식사를 함께 나누는 즐거움을 누리기 위해 부단히 노력해 온 곤충이다. 그러나 인간들은 조상을 죄악의 구렁텅이에 빠지게 만든 뱀보다도 파리를 더 증오하고 있음이 분명하다. 뱀을 죽이는 도구보다 파리를 죽이는 도구가 더 많이 발달해 있음이 이를 입증한다. 파리는 비행하는 시간과 음식을 탐닉하는 시간과 명상하는 시간을 빼고 나면 오직 간구의 시간만이 존재한다. 끊임없이 두 손을 맞비비며 자신이 신으로부터 부여받은 임무에 대해 인간들의 오해가 없기를 간절히 비는 것이 생활의 전부로 되어 있다. 그러나 대부분의 인간들은 아직 원수도 사랑할 수 없으며 파리도 사랑할 수 없는 수준에 머물러 있을 뿐이다. 파리는 부패의 전령이다. 이 세상 만물들은 반드시 부패하고 거기에서 파리는 태어난다. 이 세상 만물들이 아무 것도 썩지 않으면 하나님은 파리를 만들어 내지 않았을 것이다. 파리는 부패를 촉진하고 부패는 또 다른 생명의 탄생을 촉진한다. 인간에게 불필요한 존재가 지구에게도 불필요한 존재는 아니다.

하루살이

하루 만에 한평생을 사는 벌레.

지렁이

 우울한 지하의 방랑자. 지상으로 나오면 체액이 말라 질식사할 위험성을 내포하고 있다. 지상의 여러 가지 동물들이 지렁이를 즐겨 먹는다. 공중을 나는 새들도 지렁이를 즐겨 먹고 물 속을 헤엄치는 고기들도 지렁이를 즐겨 먹는다. 땅거죽을 기어다니는 개미들도 지렁이를 즐겨 먹고 땅 속을 기어다니는 두더지도 지렁이를 즐겨 먹는다. 그러나 지렁이는 절대로 다른 동물들을 공격하지 않는다. 아무런 무기도 휴대하고 다니지 않는다. 이빨도 없고 발톱도 없고 독침도 없다. 완벽한 비폭력주의자다. 징그러움과 꿈틀거림이 무기라지만 그것으로 적에게 아무런 타격을 주지 못한다. 그러나 먹다가 반만 남겨 놓으면 다시 한 마리의 완벽한 지렁이로 복원된다. 암수 양성을 모두 한 몸 안에 지니고 있으며 길이가 같은 지렁이끼리 배우자를 삼아 서로 자세를 엇바꾸어 사랑을 나눈다. 아리스토텔레스는 지렁이에게 대지의 창조자라는 찬사를 보낸 바가 있는데 이는 지렁이가 박토를 옥토로 바꾸어 놓는 토양의 마술사이기 때문이다. 지렁이 한 마리가 일생 동안 토해내는 흙의 양은 수만 톤에 이르며 아무리 척박한 산성 토양도 기름진 알칼리성 토양으로 변모된다. 만약 하나님이 지렁이를 이 세상에 보내시지 않았다면 지구가 오늘날 이토록 아름다운 초록별로 존재하지는 않았을 것이다.

콩나물

 음지에서 물만 먹고 자란다. 거적대기 하나를 이불 삼아 맨살을 부비며 오순도순 서민으로 살아간다. 머리가 모두 샛노란 것은 햇빛을 간절히 그리워 했기 때문이다. 저마다 가슴 안에 샛노란 해를 하나씩 키우고 있기 때문이다.

해파리

 바다의 도신선사道信禪師다. 떠도는 일에도 걸리지 않고 머무르는 일에도 걸리지 않는다. 일엽편주지만 무심지경이다. 파도가 치면 파도에 흔들리고 바람이 불면 바람에 흔들린다. 마음을 비워 온 육신이 투명하고 천지를 비워 온 바다가 투명하다.

물보라

포세이돈의 백마. 바다의 수염. 비탄의 분말.

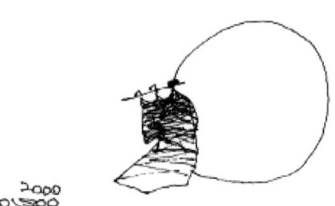

이슬

새벽에 내린다. 만물이 깊이 잠든 안식의 새벽에 소리없이 내려와 꿈을 적신다. 신神의 서늘한 입김이다. 생명의 속삭임이다. 사물들의 표면에 닿아 물방울이 되고 물방울은 땅에 스미어 옹달샘을 만든다. 옹달샘은 그 흐름을 다하여 바다에 다다른다. 이슬은 바다의 투명한 미립자다. 모든 생명의 기원이다.

앵두

 유년시절 누나의 가시 찔린 손끝에 맺혀 있던 선홍빛 피 한 방울.

쓰레기

 인간이 만들어 낸 모든 가공품들의 말로. 또는 지구가 바라보는 인간.

텔레비전

　수다스러운 가전제품. 시간과 채널만 조정해 놓으면 저 혼자서도 쉬지 않고 수다를 늘어놓는다. 언론매체의 중심적인 위치에 놓여 있으므로 독재국가에서는 권력의 꼭두각시가 되어 우민화 정책의 선봉이 되기도 한다. 온 국민의 눈이며 온 국민의 입이지만 꼭두각시가 되면 온 국민을 벙어리로 만들거나 장님으로 만들어 버리는 일에 주력하기도 한다. 때로는 자기 도취에 빠져서 시청자들에게 아무런 도움도 주지 못하는 프로그램으로 아까운 전력을 낭비하기도 하고 때로는 가슴 뭉클해지는 프로그램으로 인생의 참다운 의미를 생각케 만들어 주기도 한다. 외래문화의 쓰레기를 유입하는 창구가 되기도 하고 전통문화의 진수를 찾아내는 길잡이가 되기도 한다. 광범위한 정보도 내장되어 있고 다양한 상품광고도 내장되어 있다. 현대인들은 누구나 텔레비전에 조금씩은 중독되어 있다고 하지만 심한 경우에는 이성을 잃어버리는 사태까지 일어난다. 텔레비전에서 얻은 정보라면 무조건 신뢰해 버리는 사람도 적지 않다. 그러나 텔레비전에 붙어 있는 동안 자신의 금쪽 같은 시간이 엄청난 양으로 폐기처분되고 있음을 허망해하는 시청자는 별로 없는 것 같다.

삼각관계

재능 없는 작가들이 일용할 양식처럼 울궈먹는 작품의 뼈다귀.

지하철

후진국에서는 일명 지옥철. 도시 서민들의 주된 교통수단으로 체형은 용과 흡사하지만 하늘을 날지는 못한다. 주로 지하에서 활동한다. 승차권을 소지해야만 탑승할 수 있으며 지정된 역에서만 정차할 수 있다. 신호등에 걸리지 않는다. 교통순경의 눈치를 보지 않는다. 정체현상을 일으키지 않는다. 승객을 기다려 주지도 않으며 승객을 기다리게 하지도 않는다. 역은 출퇴근 시간만 되면 전쟁터로 돌변한다. 지하철은 토막난 금속의 빵덩어리다. 배달되자마자 허기진 사람들이 개미 떼처럼 옆구리에 달라붙어 발악적으로 뜯어 먹는다. 아침이 파괴되고 하루가 구겨진다. 그러나 지하철은 도시 서민들의 타임머신이다. 꿈 속에서는 언제나 시간의 바다를 건너 눈부신 행복의 미래로 질주한다.

장맛비

 여름 한 철 우기雨期를 기해 지속적으로 추적추적 비가 내린다. 장맛비다. 세월이 젖는다. 사랑이 젖는다. 방황이 젖는다. 꿈이 젖는다. 범람하는 황토빛 강물 위로 떠내려가는 통곡의 세월. 얼룩진 엽서가 배달되고 약속에 금이 간다. 기억의 서랍 속에도 곰팡이가 피어난다. 유리창 속에서 도시가 흔들린다. 절망이 깊어진다. 시간이 침잠한다. 온 생애가 젖는다.

수세미

걸레는 죽어서도 걸레가 되는 꿈을 꾼다. 죽어서도 걸레가 되는 꿈이 수세미의 씨앗을 눈 뜨게 한다. 수세미는 온 세상을 닦아주고 싶은 소망으로 매달려 있는 초록빛 걸레뭉치다.

구름

 때로는 하늘가를 떠도는 풍류도인이다. 허연 수염을 나부끼며 세상을 물끄러미 내려다보고 있다. 때로는 슬픈 영혼의 덩어리다. 암회색으로 온 하늘을 지우고 깊은 우울 속에 빠져 있다. 때로는 범람하는 비탄의 강이다. 하늘 전체를 통곡 속에 잠기게 한다. 온 세상을 적시는 눈물로 소멸한다.

호박꽃

한여름 낮잠 드신 부처님 머리맡에 환하게 켜져 있는 조그만 황금등불.

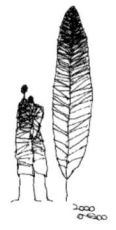

보신탕

 음식문화가 가장 다양하게 발달해 있는 민족들에게서만 볼 수 있는 영양식의 일종으로 인간에게 최후까지 자신을 보시하고 극락왕생하는 개들의 충정을 기리는 마음으로 보약처럼 복용하는 여름철의 음식이다. 서양 사람들은 보신탕을 먹는 동양 사람들을 미개인으로 취급하지만 음식은 환경과 체질에 따라 달라지기 마련이다. 그들은 동물을 사랑하기 때문에 보신탕을 경멸한다고 말하지만 진실로 그렇다면 그들은 칠면조를 요리하는 법도 모르고 있어야 한다. 그들은 단지 보신탕을 먹을 수 있을 정도로 비위가 좋은 체질을 갖고 있지 않을 뿐이다.

바퀴벌레

파리나 빈대 따위처럼 인간의 생활근거지를 주무대로 노략질을 하면서 살아가는 위생곤충으로 의복이나 음식물에 해를 끼친다. 주로 야행성이며 끈질긴 생명력을 가지고 있다. 학자들에 의하면 지구상의 전 생명체가 멸종되었던 빙하기에도 죽지 않고 그 종족을 오늘날까지 보전했다는 곤충이다. 살아 있는 화석이라고도 지칭된다. 인간보다 먼저 지구를 차지하고 있었던 곤충이다. 그러나 인간들은 이제 바퀴벌레에게 가느다란 벽 틈서리조차도 내어 주려 들지 않는다. 눈꼽만한 과자 부스럭지조차도 내어주려 들지 않는다. 오직 다량학살만을 모색하고 있을 뿐이다. 그러나 아무리 바퀴벌레가 미워도 빙하기로부터 지금까지 시간의 바퀴를 굴리며 종족을 보존해 온 생명의 불가사의에 대해 최소한의 경의는 표해야 한다.

신경통

날이 궂으면 뼈들이 먼저 알고 신음을 한다. 비바람이 몰아치면 뼈들이 먼저 알고 비명을 지른다. 비로소 사람과 하늘이 따로가 아님을 알게 된다.

성불구자

모든 불제자. 성불하기를 구하는 사람. 成佛求者.

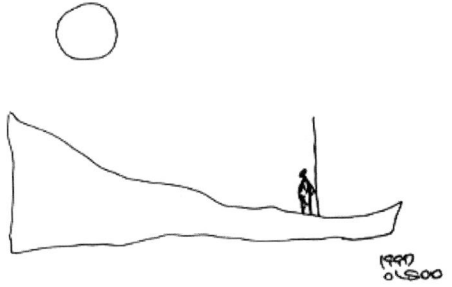

출근

 경제적으로 궁핍하지 않은 생활을 영위하기 위해 자신을 인간에서 로보트로 전환시키는 행위. 직장을 가진 인간이라면 대부분 기상과 동시에 출근에 대한 강박관념에 사로잡힌다. 세면장에 들어가 부품을 소제하고 에너지를 보충한 다음 서둘러 직장으로 달려가 출근부에 도장을 찍을 때까지 모든 작동을 최대한 빠르게 진행시킨다. 비애를 느낄 겨를조차 없다. 반드시 그렇게 살아야만 행복이 보장된다고 입력되어 있는 로보트처럼 매일 같은 일상을 반복한다. 출근은 보금자리로 돌아오기 위해서 보금자리를 일시적으로 떠나는 서민들의 습관화된 이별이다. 외로운 출발이다. 이 세상에 남들처럼 살아남아 있고 싶은 자로서의 소박한 희망이다. 희망에의 도전이다.

스트레스

가슴 밑바닥에 침전된 불만의 찌꺼기를 연소하지 못할 때 생겨나는 유독성 폐기물이다. 신경을 날카롭게 만들고 정신을 피로하게 만든다. 만병을 불러들이는 근원이 된다. 다량으로 침전되면 자체 내에서 폭발할 위험성을 가지고 있다. 모든 경쟁의 과정에는 스트레스가 따르고 모든 패배의 결과에는 스트레스가 증폭된다. 군자와 백치에게는 스트레스가 따르지 않는다. 능력 이상의 욕망을 가지고 있지도 않으며 어떤 경쟁에도 휩쓸림이 없기 때문이다.

호수

고여 있는 슬픔이다. 고여 있는 침묵이다. 강물처럼 몸부림치며 흐르지 않고 바다처럼 포효하며 일어서지 않는다. 다만 바람부는 날에는 아픈 편린으로 쓸려가는 물비늘. 기다림 끝에 흘리는 눈물들은 기다림 끝에 흘린 눈물들끼리 한자리에 모여 호수가 된다. 온 하늘을 가슴에 담는 사랑이 된다.

음담패설

음담배설淫談排泄.

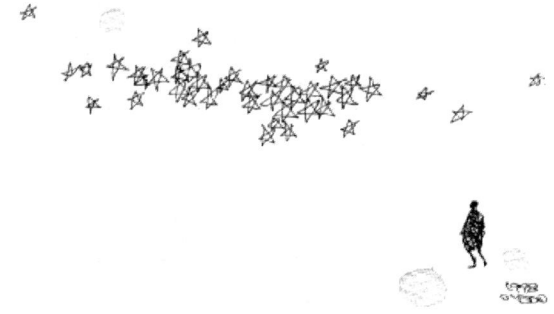

속물근성

 천박한 자기 수준을 끝끝내 개선하지 않은 채로 자신이 타인에게 가치있는 존재로 부각되기를 바라는 습성. 모든 욕망의 나무를 자르지 못한 채 가지마다 공명심, 이기심, 질투심, 시기심 따위의 거추장스러운 과일들을 주렁주렁 매달고 살아가는 습성. 아무런 철학도 없고 아무런 고뇌도 없이 살아가는 사람들의 가장 요긴한 생활필수품. 소인배들의 전유물.

가래침

감정 대립시 상대방의 면상에다 뱉아주기 위해 목구멍 깊숙이 휴대하고 다니는 타액의 일종으로 일반적인 침보다는 접착력이 강하며 누우런 빛을 많이 띠고 있을수록 품질이 우수하다. 상대방에 대한 혐오감의 농도와 가래침을 뱉고 싶은 충동은 정비례하고 가래침에 대한 불쾌감의 농도와 상대방에 대한 자비심은 반비례한다.

대머리

 어느 모임이든 동참하고 있다는 사실 하나만으로도 그 자리를 빛내줄 수 있는 이동식 인간 서치라이트. 자가 동력장치에 의해서는 빛을 발할 수 없고 오직 다른 발광체에 의존해서만 빛을 발할 수 있는 한계점을 가지고 있다. 얼굴의 영역이 확장되어 있으므로 비누의 소모량이 타인들보다 많은 편이다. 그러나 머리의 영역이 축소되어 있으므로 샴푸의 소모량은 타인들보다 적은 편이다. 헤어스타일을 다양하게 바꿀 수는 없지만 가발은 다양하게 바꿀 수 있다.

강대국

 인도주의로 포장된 여러 가지 공해물질들을 약소국가에 강매하는 나라. 자국의 문화쓰레기를 타국에 가장 많이 수출하는 나라. 타국의 전통문화를 가장 많이 파괴시키는 나라. 평화를 가장 많이 부르짖는 나라. 그러면서 전쟁에 가장 많이 관여하는 나라.

장발족

 머리카락에게까지도 한정없는 자유를 부여해 주며 사는 봉두난발의 자연주의자들을 지칭하는 말로 머리카락이 길면 일단 장발족으로 간주하는 것이 일반적인 통례로 되어 있다. 한국은 한때 유교의 영향을 받아 머리카락을 소중히 하는 것을 효도의 시초로 생각했던 적이 있으며 고종 때 내정개혁에 의해 단발령이 내려지자 선비들은 도덕이 땅에 떨어졌음을 통탄하여 며칠씩이나 비탄의 눈물을 흘렸다는 기록도 전해진다. 근세에 이르러서는 제삼공화국 시절에 장발이 남에게 혐오감을 준다는 죄목으로 경찰관이 가위를 들고 다니며 거리에서 단속하거나 적발하여 재판에 회부시키는 강권을 발동시킨 적이 있다. 머리카락과 자유는 밀접한 관계가 있다. 자유를 최대한으로 통제당하는 집단은 대개 머리카락을 짧게 깎는다. 노예, 죄수, 스님, 군인, 학생 등이 그 한 예다. 의학의 성인 이제마 선생은 사상의학을 통해 사람의 머리카락이란 울창한 숲과 같으며 숲의 산사태를 방지하고 땅을 기름지게 하듯이 머리카락을 기르면 그만큼 건강도 좋아지고 수명도 연장된다고 설한 바 있다.

피뢰침

　뇌성벽력 속에 오직 고요함을 지키며 기다리다가 일순간에 천둥번개를 낚아채 버리는 원효대사의 낚시바늘.

3맹세대

컴맹, 팝맹, 햄맹 상태에 빠져 있는 세대를 말하며 컴퓨터와 팝송과 햄버거를 모른다는 공통점을 간직하고 있다.

전쟁

 인류에게 평화를 가져다 주기 위해 인류의 평화를
파괴시켜 버리는 정신질환적 집단행위.

선진국

다른 나라보다 먼저 물질과 문명을 선택하고 자연과 인간을 버린 나라.

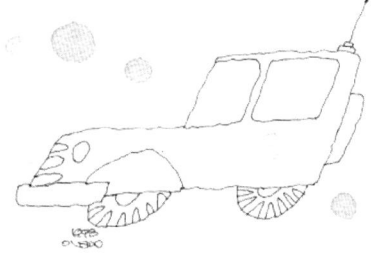

공중전화

 동전 몇 푼을 집어 넣으면 그리운 사람들의 목소리를 한 컵씩 마실 수 있는 음성자판기. 전신전화국에서 관리하며 주로 사람들이 많이 내왕하는 장소에 설치되어 있다. 약속의 징검다리가 되기도 한다. 그러나 후진국에서는 고장을 빙자하여 서민들의 땀내 나는 동전을 갈취하는 노상강도로 돌변해 버리기도 한다.

붕어

 자연이 문명의 탁류에 휩쓸려 허우적거리고 있는 인간을 자연 속으로 낚아올리기 위해 가장 널리 사용하는 미끼.

가을

　영혼마저 허기진 시인의 일기장 갈피로 제일 먼저 가을이 온다. 고난의 세월 끝에 열매들이 익고 근심의 세월 끝에 곡식들이 익는다. 바람이 시리고 하늘이 청명해진다. 사랑은 가도 설레임은 남아 코스모스 무더기로 사태지는 언덕길. 낙엽이 진다. 세월도 진다. 더러는 소리죽여 비도 내린다. 수은주가 떨어지고 외로움이 깊어진다. 제비들이 집을 비우고 국화꽃이 시든다. 국화꽃이 시들면 가을이 문을 닫는다. 허기진 시인의 일기장 갈피로 무서리가 내린다. 가을이 끝난다. 가을이 끝나도 외로움은 남는다.

영혼

우주 무임 승차권.

재

　불에다 살과 뼈를 모두 주었다. 자신을 완전히 버리지 못했을 때는 존재의 아름다움도 알지 못했다. 지금은 실낱 같은 바람 한 가닥에도 환희로 전율하는 존재의 미립자로 남았다. 비로소 무소유의 즐거움을 알게 되었다.

안개

떠도는 물의 혼백.

역사

　과거를 비추는 미래의 거울이다. 인간이 얼마나 오래도록 자기들끼리의 처절한 투쟁을 계속했는가를 기록해 놓은 시간의 유물이다. 역사는 조작되는 것이 아니라 창조되는 것이며 역사는 흐르는 것이 아니라 쌓이는 것이다. 역사는 비록 감출 수는 있어도 지울 수는 없는 고행의 흔적이다. 오랜 역사를 가진 민족일수록 자연을 사랑하고 인간을 사랑한다. 궁극적으로 역사는 그것을 가르쳐 주기 위해 기록된 반성문이다.

거품

공허空虛의 무정란無精卵.

대금산조

 소리죽여 흐르는 통곡의 강물이다. 피울음 삼키면서 돌아보는 세월이다. 세속을 등지고 마주 앉은 적막강산. 구름은 소리를 따라 하늘 언저리를 떠돌고 숲들은 달빛 아래 숨을 죽인 채 새들을 잠재운다. 대금 하나로 이 세상 모든 한을 잠재우고 대금 하나로 이 세상 모든 혼을 선계仙界에 이르게 한다. 풍류風流의 도道다.

인생

　인간답게 살기 위해 미래를 향해 끊임없이 걸어가야 하는 비포장도로.

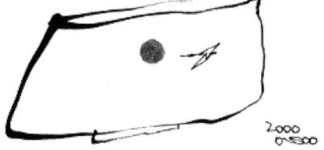

결혼

사랑에 대한 착각을 최종까지 수정하지 않은 남녀들이 마침내 세월의 함정 속에 공동으로 투신하는 사건.

주름살

인간이 나이를 많이 먹으면 세월이 그가 걸어 온 인생여정을 그의 피부에다 빠짐없이 설형문자로 음각해 놓는데 한결같이 칼날에 베인 듯이 예리하다. 육안肉眼이나 뇌안腦眼으로는 판독불능判讀不能이지만 심안心眼이나 영안靈眼으로는 판독이 가능한 대장편 서사시. 눈물이 많았던 인간일수록 주름살의 골은 깊어지고 근심이 많았던 인간일수록 주름살의 잔가지가 무성하다. 생각이 진중한 자는 노인을 마주 대할 때 그 주름살을 보고 천지의 고요함을 배운다.

낙엽

　수확의 가을이 끝나면 나무들은 잎을 떨구어 자신들의 시린 발목을 덮는다. 바람이 불면 세월의 편린처럼 흩날리는 갈색 엽신葉信들. 모든 사연들은 망각의 땅에 묻히고 모든 기억들은 허무의 공간 속에 흩어져 버린다. 나무들은 인고의 겨울 속에 나신裸身으로 버려진다. 낙엽은 퇴락한 꿈의 조각들로 썩어가지만 봄이 되면 다시금 푸르른 숲이 된다. 숲의 영혼을 덮어주는 이불이 된다.

사형수

　세상의 모든 속박으로부터 영원한 자유를 선고받은 사람.

철새

 떠돌던 나그네의 영혼이다. 날개를 얻어 구만리장천을 날 수는 있어도 아직 윤회의 바다를 다 건너지는 못했다. 계절이라는 이름의 건널목에서 날개를 접고 앉아 잠시 안타까운 사랑을 배우다 떠나갈 뿐이다. 모든 건널목마다 이별이 기다리고 모든 건널목마다 재회의 기약이 백지화된다. 달밤에 떼를 지어 윤회의 바다를 건너갈 때 그 울음 소리를 듣고도 눈시울을 적시는 사람은 진실로 나그네의 마음을 알고 있는 사람이다.

갈대

 시린 가을 하늘가에 빠르게 한 획씩 그어 놓은 신선의 가벼운 세필 자국.

여자

 남자들에게 있어서는 가장 난해한 학술자료다. 아무리 연구를 계속해도 그 본질이나 특성이 일목요연하게 정리되지 않는 존재다. 때로는 얼음같이 차갑고 때로는 불같이 뜨겁다. 때로는 가시처럼 날카롭고 때로는 솜털처럼 부드럽다. 때로는 풀잎처럼 연약하고 때로는 칡뿌리처럼 강인하다. 남자들에게 사랑의 열병을 앓게 만드는 독향을 간직하고 있다. 사랑에 약하고 질투에 강하다. 어머니가 되었을 때 가장 성스럽고 아내가 되었을 때 가장 철부지가 된다. 변덕이 심하다. 눈썹을 한 번씩 깜빡거릴 때마다 변덕은 두 번씩 일어난다. 남자는 마음에 의해 자신을 변모시키지만 여자는 생각에 의해 자신을 변모시킨다. 그러나 그 어떤 문장으로도 여자를 확실하게 설명할 수는 없다. 단지 확실하게 설명할 수 있는 점은 이 세상 모든 여자들이 나이가 들면 할머니로 변하고 마는 사실이다.

실연

 사랑하는 사람으로부터 배반의 칼을 맞고 피흘리는 영혼으로 절망의 터널에 내팽개쳐지는 상태. 믿음도 백지화되고 소망도 거품화되고 사랑도 사막화된 상태. 사랑하는 사람이 자신에 대한 착각에서 깨어나 제정신을 되찾음으로써 홀로 비탄의 강물 속에 수장되는 상태. 사랑과 증오의 전환점. 그러나 이성간의 전형적인 사랑은 대개 실연까지가 그 사랑의 완성단계다.

거울

인간은 자신의 모습을 더욱 아름답게 치장하기 위해 거울을 만들었다. 일반적으로는 유리에 수은을 바른 거울을 말한다. 그러나 엄밀한 의미에서는 세상만물이 저마다 하나의 거울이다. 시궁창도 고요하면 거울이 된다. 시궁창에도 하늘이 비치고 태양이 비친다. 구름이 흐르고 새들이 난다. 어둠이 깔리고 별똥별이 떨어진다. 마음도 고요하면 거울이 된다. 그 속에도 삼라만상이 모두 비친다. 다른 거울들은 존재의 외면만을 들여다 볼 수 있지만 마음의 거울은 그 내면까지를 선명하게 들여다 볼 수가 있다.

메아리

소리의 그림자.

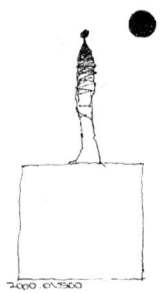

박꽃

 달이 뜰 무렵 초가지붕에 청상의 혼으로 피어난다. 눈이 부시도록 희디흰 소복차림이다. 서슬 푸른 정절에 달빛조차 무서리로 내린다. 바람이 불면 나지막히 흐느끼다 달이 지면 같이 진다. 그 자리에 박이 열린다. 보름달이 열린다.

달

　얼굴은 비추어지지 않고 마음만 비추어지는 천상의 해맑은 거울. 미국인들은 수많은 인력을 동원하고 막대한 자금을 투자하여 달에다 유인우주선을 쏘아 올리고 발자국을 찍고 성조기를 꽂았다. 한국인들은 아직도 툇마루에 홀로 앉아서 값싼 막걸리를 마시며 달에다 계수나무를 심는다. 옥도끼로 찍어 내고 금도끼로 다듬어서 양친부모를 모셔다가 천 년 만 년을 살고 싶어서다. 어느 문화가 형이상학적인 문화인가는 시인詩人들이 그 천상의 거울에 비추어지는 마음을 읽어 시詩로써 증명해 보일 수가 있을 것이다.

귀뚜라미

밤이면 벽 속에서 달빛으로 가느다란 소리의 사슬을 엮어 새도록 소야곡을 연주하는 가을의 작은 전령.

일기장

 신이 하루종일 시간에 멱살을 잡혀 끌려다닌 흔적들을 날마다 문자로 정직하게 실토해 놓은 고백록.

외등

어둠 속에 박혀 있는 달마의 물기 어린 눈알 하나.

들국화

　기러기 울음소리가 하늘을 청명하게 비우고 귀뚜라미 울음소리가 달빛을 눈부시게 만들면 바람에 실어 보낸 그리움의 언어들은 그리움의 언어들끼리 모여 달빛에 반짝이는 시詩가 된다. 아무리 멀리 있어 안타까운 사랑도 아무리 벽이 높아 닿지 못할 사랑도 가을 들녘에 모여 꽃이 된다. 바람이 전하는 한 소절의 속삭임에도 물결같이 설레이며 흔들리는 꽃이 된다. 이름하여 들국화다.

도자기

 담는 마음을 배우기 위해서 만들어진 살림도구가 아니라 비우는 마음을 배우기 위해서 만들어진 예술품이다. 그 속에 일월이 뜨고 지고 그 속에 세월이 강물처럼 흐른다. 깨달음에 이른 자들은 그 속에 온 우주가 들어 있음을 안다.

눈물

지상에서 가장 투명한 시詩.

시|詩

석탄 속에 들어 있는 목화구름.

예술

 술 중에서는 가장 독한 술이다. 영혼까지 취하게 한다. 예술가들이 숙명처럼 마셔야 하는 술이다. 모든 예술 작품은 그들의 술주정에 의해서 남겨진 흔적들이다. 거기에는 신도 악마도 존재하지 않는다. 오직 아름다움만이 존재할 뿐이다.

새치

검은 머리카락들 사이에 섞여 있는 소수의 은빛 머리카락. 젊음이 다했다는 경보신호. 노인이 되기 위한 부분 예행연습. 세월의 또다른 흔적.

지팡이

황혼의 동반자.

똥

　대자대비의 표정으로 가부좌를 틀고 앉은 또 하나의 부처님.

새벽

 매복하고 있던 어둠이 은밀히 살해당하고 빛의 첨병들이 낮은 포복으로 진군해 들어오면 새벽이다. 사물들이 어둠의 포박에서 풀려나와 조금씩 선명하게 그 모습을 드러내면 청소부들이 살해당한 어둠의 부스러기들을 비질하고 도시는 나지막하게 기침을 하며 잠을 깬다. 시간이 청명하게 세척되어 있다. 마음이 아름다운 사람들은 바로 이 시간에 남을 위해 기도한다. 신이시여, 영혼의 어둠 속에서 고통받는 모든 이들에게도 당신의 새벽이 오게 하소서.

찾아보기

ㄱ

가난뱅이 —— 35
가래침 —— 173
가을 —— 184
가짜 —— 39
각설이 —— 129
갈대 —— 197
강대국 —— 175
개밥그릇 —— 69
거미 —— 140
거울 —— 201
거지 —— 79
거품 —— 189
걸레 —— 26
겨울 —— 6
결혼 —— 192
계급 —— 102
고드름 —— 73
고문 —— 60

고백 —— 40
고성방가 —— 38
고스톱 —— 78
공명선거 —— 84
공중전화 —— 182
공처가 —— 70
과대광고 —— 13
과대망상증 —— 23
광신자 —— 136
구름 —— 162
군대 —— 59
굶주림 —— 55
귀뚜라미 —— 205
그림자 —— 33
그을음 —— 24
기도 —— 61
기저귀 —— 104
길 —— 45
꽃 —— 89

ⓝ

나비 —— 143
낙엽 —— 194
날개 —— 91
눈물 —— 210
눈보라 —— 71

ⓓ

다리 —— 95
달 —— 204
달동네 —— 97
달맞이꽃 —— 141
달팽이 —— 48
대금산조 —— 190
대머리 —— 174
대학입시 —— 80
도둑질 —— 132
도자기 —— 209
독도 —— 77
돌연변이 —— 86
동문서답 —— 85

동지冬至 —— 53
들국화 —— 208
똥 —— 215

ⓜ

말단사원 —— 66
망각 —— 8
먼지 —— 94
메아리 —— 202
명예박사 —— 34
모래 —— 28
무지 —— 101
문 —— 47
물보라 —— 152
물비늘 —— 88

ⓑ

바람 —— 10
바보 —— 115
바퀴벌레 —— 165
박꽃 —— 203

방랑 —— 7
배금주의자 —— 131
법 —— 100
벽 —— 75
병살타 —— 46
보석 —— 106
보신탕 —— 164
봄 —— 54
불만 —— 37
불행 —— 64
붕어 —— 183
비상구 —— 65
빙하시대 —— 81

ⓢ

사랑 —— 117
사막 —— 93
사형수 —— 195
삼각관계 —— 158
3맹세대 —— 179
삼라만상 —— 21

새 —— 36
새벽 —— 216
새치 —— 213
선진국 —— 181
섬 —— 90
성냥개비 —— 142
성불구자 —— 167
세대차이 —— 109
소망 —— 51
속물근성 —— 172
수면제 —— 41
수세미 —— 161
술 —— 62
스트레스 —— 169
시간 —— 31
시계 —— 20
시詩 —— 211
식인종 —— 29
신경통 —— 166
실연 —— 200
쓰레기 —— 155

ㅇ

아내 —— 112
아침 —— 14
아파트 —— 96
악마 —— 126
안개 —— 187
앵두 —— 154
엄숙 —— 67
엑스트라 —— 19
여드름 —— 113
여름 —— 138
여자 —— 198
역사 —— 188
연鳶 —— 11
열등의식 —— 133
엽서 —— 9
영웅심 —— 87
영혼 —— 185
예술 —— 212
완장 —— 135
외등 —— 207

외제 —— 98
우박 —— 92
우상 —— 58
원고지 —— 5
유행 —— 110
음담패설 —— 171
음주운전 —— 63
이민 —— 134
이슬 —— 153
인간 —— 119
인간 —— 120
인간 —— 122
인생 —— 191
인신매매 —— 22
일기장 —— 206
일회용 —— 42

ㅈ

자만심 —— 99
자물쇠 —— 49
자살 —— 43

자연보호 —— 124
자유 —— 114
잡초 —— 139
장맛비 —— 160
장발족 —— 176
재 —— 186
전쟁 —— 180
절망 —— 76
접시닦이 —— 118
정신병자 —— 25
정오 —— 30
조간신문 —— 18
존경심 —— 130
주름살 —— 193
주인공 —— 16
주정뱅이 —— 72
지렁이 —— 148
지팡이 —— 214
지하철 —— 159
진눈깨비 —— 83
질서 —— 127

ⓒ
창조 —— 125
천재 —— 27
철새 —— 196
체면 —— 105
촛불 —— 56
총 —— 50
총알택시 —— 32
출근 —— 168
출발점 —— 44

ⓚ
콩나물 —— 150
크리스마스 —— 57

ⓣ
텔레비전 —— 156

ⓟ
파리 —— 144
편지 —— 74

평화 —— 12
표절 —— 103
피뢰침 —— 178

ⓗ

하루살이 —— 147
학구파 —— 68
해파리 —— 151
행복 —— 116
허수아비 —— 17
허영 —— 82
현모양처 —— 107
호롱불 —— 52
호박꽃 —— 163
호수 —— 170
화장 —— 108
훈시 —— 128